应急科普知识丛书

全民应急科普知识

小海马科普工作室　编

应急管理出版社

·北　京·

图书在版编目（CIP）数据

全民应急科普知识/小海马科普工作室编. --北京：应急管理出版社，2024（2025.6重印）
（应急科普知识丛书）
ISBN 978-7-5020-9947-3

Ⅰ.①全… Ⅱ.①小… Ⅲ.①突发事件—应急对策—基本知识 Ⅳ.①D035.29

中国国家版本馆CIP数据核字（2023）第088704号

全民应急科普知识（应急科普知识丛书）

编　　者	小海马科普工作室
责任编辑	曲光宇　田　苑
责任校对	赵　盼
封面设计	罗针盘

出版发行	应急管理出版社（北京市朝阳区芍药居35号　100029）
电　　话	010-84657898（总编室）　010-84657880（读者服务部）
网　　址	www.cciph.com.cn
印　　刷	北京世纪恒宇印刷有限公司
经　　销	全国新华书店
开　　本	889mm×1194mm $1/24$　印张　$3\frac{3}{4}$　字数　38千字
版　　次	2024年1月第1版　2025年6月第3次印刷
社内编号	20221526　　　　　　定价　38.00元

版权所有　违者必究

本书如有缺页、倒页、脱页等质量问题，本社负责调换，电话：010-84657880
（请认准封底防伪标识，敬请查询）

小海马科普工作室

（按姓氏笔画排序）

王　晨　尹忠昌　孔　晶　田　苑
史欣平　曲光宇　刘永兴　李安旭
李雨恬　武振龙　郑素梅　孟　楠
徐　静　唐小磊　梁晓平

编写人员名单

尹忠昌　唐小磊　曲光宇　田　苑
郑素梅　孟　楠　李雨恬　史欣平

目次

第一章　自然灾害的避险与自救　　1
　　遇到地震如何应对　　3
　　泥石流灾害发生的预兆及如何应对　　8
　　暴雨来临前的应急准备及如何应对　　10
　　雷雨天气如何避免雷击　　15
　　暴雪天气如何应对　　16
　　台风来临前的应急准备及如何应对　　17
　　洪涝灾害的发生预兆与自救　　18
　　海啸来临前的征兆及如何应对　　22
　　如何判断要发生山体滑坡　　25
　　野外遇到森林草原火灾如何逃生自救　　27

第二章　公共场所突发事件应急方法　　29
　　公共场所拥挤踩踏事件应急方法　　31
　　食物中毒的预防与应急处置　　33
　　乘坐公交车时着火如何应对　　34
　　乘坐火车时遇到火灾如何应对　　36
　　什么情况下不可乘电梯及被困电梯里如何应对　　38

第三章　家庭安全事故应急方法　　41
　　居家触电应急方法　　43
　　高楼遇到火灾如何应对　　44
　　油锅着火如何应对　　47
　　煤气中毒如何应对　　48

I

电器着火如何应对　　　　　　　　　　49
　　如何预防家庭火灾　　　　　　　　　　51
　　如何确保居家安全　　　　　　　　　　52

第四章　紧急救护常识　　　　　　　　　　53
　　常用求救信号　　　　　　　　　　　　55
　　心肺复苏的正确方法　　　　　　　　　56
　　AED（自动体外除颤器）的使用方法　　57
　　常见止血方法　　　　　　　　　　　　59
　　包扎伤口的方法　　　　　　　　　　　60
　　三角巾包扎法　　　　　　　　　　　　61
　　绷带包扎法　　　　　　　　　　　　　63
　　骨折如何应对　　　　　　　　　　　　64
　　猫狗咬伤如何应对　　　　　　　　　　65
　　吃东西哽住如何应对　　　　　　　　　66
　　烧烫伤后如何应对　　　　　　　　　　67
　　溺水后如何应对　　　　　　　　　　　68

第五章　反恐防暴应急常识　　　　　　　　69
　　恐怖袭击如何应对　　　　　　　　　　71
　　爆炸袭击如何应对　　　　　　　　　　73
　　驾车撞击袭击如何应对　　　　　　　　74
　　被劫持如何应对　　　　　　　　　　　75
　　枪击袭击和砍杀袭击如何应对　　　　　76
　　网络袭击如何应对　　　　　　　　　　77

附件　　　　　　　　　　　　　　　　　　79
　　常用应急物品　　　　　　　　　　　　81
　　常用应急电话　　　　　　　　　　　　83

第一章 自然灾害的避险与自救

第一章 自然灾害的避险与自救

- ☆ 遇到地震如何应对
- ☆ 泥石流灾害发生的预兆及如何应对
- ☆ 暴雨来临前的应急准备及如何应对
- ☆ 雷雨天气如何避免雷击
- ☆ 暴雪天气如何应对
- ☆ 台风来临前的应急准备及如何应对
- ☆ 洪涝灾害的发生预兆与自救
- ☆ 海啸来临前的征兆及如何应对
- ☆ 如何判断要发生山体滑坡
- ☆ 野外遇到森林草原火灾如何逃生自救

遇到地震如何应对

选择较理想的地方躲避

如：床底下、开间小的厕所、开间小的厨房、桌子底下

切不可躲在楼梯以及电梯间

注意远离镜子、窗户、外墙、门柱、吊顶、吊灯

居住在平房，可逃往户外开阔地，如来不及，也可躲在桌下、床下或其他理想的地方

用被子、枕头、脸盆等护住头部

选好躲避处后，采用蹲下或坐姿

护住头部　蜷曲身体

降低重心　脸朝下

寻找空旷的地方站立，并且用柔软的物品或双手将头部保护起来

远离易倒塌的物体、建筑，远离排放有毒气体的建筑

请勿紧急刹车

缓慢行驶，并靠边停车

远离高架桥以及高速公路

地震可引发山体坍塌、泥石流、海啸

远离海边以及山体附近

设法避开身体上方不结实的倒塌物、悬挂物或其他危险物

用砖块、木棍等支撑残垣断壁，以防余震时再被埋压

搬开身边可移动的碎砖瓦砾等杂物，扩大活动空间

应尽可能向有光亮、透气的地方转移，并设法钻出废墟。即使恐惧，也不要乱喊乱叫，应尽量保持体力，采用敲击物体等方法发出声音求救，等待救援

砰！

闻到煤气及有毒异味后或灰尘太大时，设法用湿衣物捂住口鼻，防止灰尘呛闷发生窒息

不要使用明火　不要随意动用水源　不使用电源

不要随便动用室内设施，应当尽可能查找并保护好水源、食物，尽量保持体力

先抢救建筑物边缘瓦砾中容易获救的幸存者，以扩大互救队伍。挖掘时不可用利器刨挖，要一点点剥离碎石

分清**支撑物**和**埋压物**，应保护支撑物，清除埋压物，保护被埋压者赖以生存的空间不遭覆压

支撑物

埋压物

首先应使被埋人员头部暴露，迅速清除其口鼻内尘土，防止窒息，再行抢救

对于废墟中埋压时间较长的幸存者，首先应输送饮料，鼓励排尿

边挖边支撑可能会倒塌的埋压物，同时注意保护好幸存者的眼睛

在钻凿、分割埋压物时，有条件的要进行泼水，以防灰尘太大使伤员呛闷发生窒息

对伤势严重或颈椎、腰椎受伤，不能自行出来的被埋人员，**不得强拉硬拖**

应设法暴露全身，查明伤情，实行包扎、固定或急救

对暂时无力救出的伤员，要使废墟下面的空间保持通风，先递送食品，静等时机再进行营救

泥石流灾害发生的预兆及如何应对

当发现河（沟）床中正常流水突然断流或洪水突然增大并夹杂有较多的柴草、树木，就可确认河（沟）上游已形成泥石流

仔细倾听是否有从深谷或沟内传来的类似火车轰鸣或闷雷式的声音，如听到这种声音，哪怕极微弱也应认定泥石流正在形成

沟谷深处变得昏暗并伴有轰鸣声或有轻微的震动感，则说明沟谷上游已发生泥石流

山体出现白色水流，山坡变形、鼓包、裂缝，坡上物体出现倾斜

干旱土地突然积水，道路龟裂，树木、篱笆突然倾斜。雨下个不停，或雨刚停下来，溪水水位却急剧下降

沿山谷徒步行走时，一旦遭遇大雨，发现山谷有异常的声音或听到警报时

谷地危险

要立即向坚固的高地或泥石流的旁侧山坡跑去，不要在谷地停留

要设法从房屋里跑出来，到开阔地带，尽可能防止被埋压

发现泥石流后，要马上往与泥石流成垂直方向的山坡上面跑，跑得越高越好，跑得越快越好

绝对不能向泥石流的流动方向走

9

暴雨来临前的应急准备及如何应对

城镇居民、商场、学校等要熟悉周围环境，自备必要的防水、排水设施，如帆布、编织袋、沙石、木板、抽水泵等

注意收听当地气象防汛部门的预报。商场、学校、广场等人员密集场所要及时做好人员疏散转移等工作

地势低洼的居民住宅区，可因地制宜采取"小包围"措施，如砌围墙、大门口放置挡水板、配置小型抽水泵等

及时清理下水道、河道等城市中重要的排水通道，不要随意倾倒垃圾及废弃物，以防淤塞，造成暴雨时积水成灾

城区外居住的居民要对房前屋后进行检查，留心附近山体变化

对应急情况下的撤离方向和地点做到心中有数，把贵重物品集中放置妥当

如果降雨较大，要查看房屋四周有无积水，排水是否畅通

还要根据情况安排人守夜

在山区，如果连降大雨，则容易暴发山洪。遇到这种情况，应该注意避免渡河，防止被山洪冲走，还要注意防止山体滑坡、滚石、泥石流的伤害

发现高压线铁塔倾倒、电线低垂或断折，要远离避险，不可触摸或接近，防止触电

如有雷电袭来，应在低洼地方蹲下，双臂抱膝，双腿靠拢，胸口紧贴膝盖，尽量低下头，以防受到雷击

城镇底层居民家中的电器插座、开关等应移装在离地1米以上的安全地方。一旦室外积水漫进屋内，应及时切断电源，防止触电伤人

如在外行走，要注意观察，应贴近建筑物行走，防止跌入窨井或坑、洞中

应尽快到地势较高的建筑物中暂时避雨，千万不要在涵洞、立交桥低洼区、较高的墙体或是树木底下避雨

行人应尽量避开灯杆、电线杆、变压器及附近树木等一切有可能带电的物体

骑自行车应注意观察，缓慢骑行，遇见紧急情况早下车，尽量避开有积水的路面

防汛断面界桩

还要注意路边防汛安全警示标志，不要接打手机，以免引雷击

暴雨中应该尽量减少外出，更不要骑自行车、电动车等危险性高的交通工具
如果有必要出行，应该尽量乘坐公交车等吨位比较大、底盘比较高的车辆
行车遇到路面或立交桥下积水过深时，应尽量绕行，避免强行通过
STOP
遭遇积水时，只要积水不超过车轮一半，就还可继续行驶
即使水开始进入排气管，虽情况紧急但仍不需紧张，只要挂上低挡，加大油门，用排气将水喷出即可

雷雨天气如何避免雷击

在室外不要在大树底下避雨，不要拿着金属物品（如带金属尖端的雨伞等）及接打手机，以防雷击

打雷时，要关好门窗，不要看电视、上网，应拔掉电器电源、电话线及电视天线等可能将雷击引入的金属导线

不要使用太阳能热水器洗澡

在没有掩蔽所的野外，要远离河流湖泊、稻田以及空旷地区

外出途中，如果遇到电闪雷鸣，待在车内较车外更安全

切勿游泳或从事其他水上运动

不宜进行户外球类、攀爬、骑行等运动

暴雪天气如何应对

关好门窗，加固围板、棚架等易被雪压的临时搭建物，将户外牲畜赶入棚圈喂养

居民要注意添衣保暖，尤其是要做好老弱病人的防寒工作；外出要采取保暖防滑措施，当心路滑跌倒

司机要采取车辆防滑措施，注意路况，听从指挥，慢速驾驶

如被暴风雪围困，尽快拨打求救电话

110

台风来临前的应急准备及如何应对

在台风来临前,居民要及时收听、收看或上网查阅台风预警信息,了解政府的防台行动对策

随后关紧门窗,关闭电脑、电视等电子设备

储备好食物和水,备好移动电源、手电筒等应急物品

居住在各类危旧住房、厂房、工棚的居民要及时转移到安全地带

在室外,千万不要在临时建筑物、广告牌、铁塔、大树等附近避风避雨

禁止水上活动和户外野营

车辆停放地下停车场或隐蔽处

台风来临前,出海渔船(包括小型渔船)应尽快回港或向就近港避风,做好防止渔船碰撞措施

洪涝灾害的发生预兆与自救

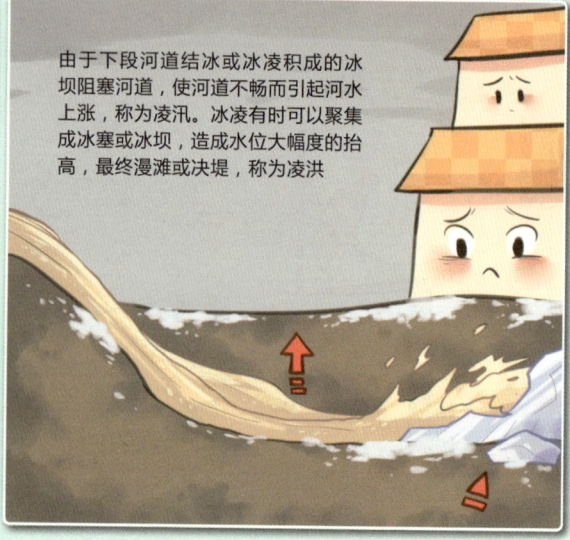

强降雨、冰雪融化、堤坝溃决、风暴潮等原因引起江河湖泊及沿海水量增加、水位上涨，河流排水不畅

连降暴雨产生大量的积水和径流，再加上排水不及时，致使土地、房屋等渍水、受淹

河流旁边水土流失严重。河水浑浊，河床加厚导致河边浅植被破坏，水土流失严重，含沙量大

由于下段河道结冰或冰凌积成的冰坝阻塞河道，使河道不畅而引起河水上涨，称为凌汛。冰凌有时可以聚集成冰塞或冰坝，造成水位大幅度的抬高，最终漫滩或决堤，称为凌洪

18

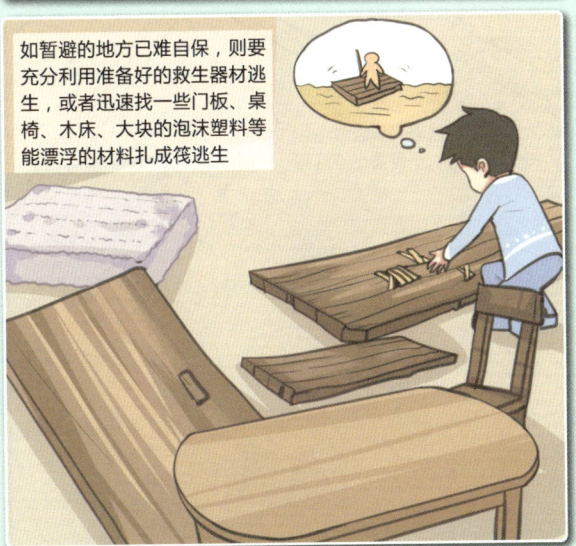

灾害到来时，来不及转移的人员，要就近迅速向山坡、高地、楼房、避洪台等地转移

或者立即爬上屋顶、楼房高层、大树、高墙等高的地方暂避

如暂避的地方已难自保，则要充分利用准备好的救生器材逃生，或者迅速找一些门板、桌椅、木床、大块的泡沫塑料等能漂浮的材料扎成筏逃生

如果已被洪水包围，要设法尽快与当地政府防汛部门取得联系，报告自己的方位和险情，积极寻求救援

不可攀爬带电的电线杆、铁塔，也不要爬到泥坯房的屋顶
千万不要游泳逃生
如已被卷入洪水中，一定要尽可能抓住固定的或能漂浮的物品，避免被流水卷走或被杂物撞伤，寻找机会逃生
大声高呼救命，引起别人注意，为自己增加获救概率
那里还有个孩子，快来人！
发现高压线铁塔倾斜或者电线断头下垂时，一定要迅速远离
防止直接触电或因地面“跨步电压”触电

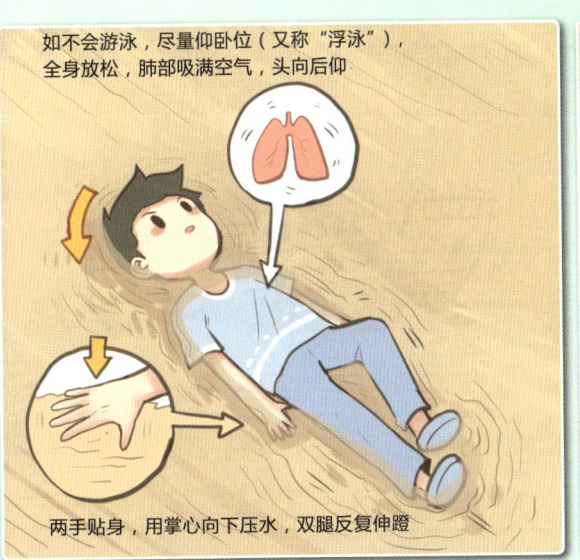

如不会游泳，尽量仰卧位（又称"浮泳"），全身放松，肺部吸满空气，头向后仰

两手贴身，用掌心向下压水，双腿反复伸蹬

让鼻子和嘴巴尽量露出水面，保持用嘴换气，避免呛水。尽可能保存体力，争取更多的获救时间

一旦房屋进水，立即切断电源及气源

地势低洼的住宅区、商业区可用沙袋、草包、挡板等堵在门口等进水处，做好围堵的措施

灾害过后，要做好各项卫生防疫工作，预防疫病的流行

海啸来临前的证兆及如何应对

海啸来临前海水异常的暴退或暴涨，海面出现异常海浪。离海岸不远的浅海区，海面突然变成白色，其前方出现一道水墙

位于浅海区的船只突然剧烈上下颠簸

突然从海上传来巨大的异常响声，在夜间尤为令人警觉

海水忽然迅速退落，大批鱼虾等海生物在浅滩出现，海水冒泡并突然开始快速倒退

海上船只听到海啸预警后应该避免返回港湾，海啸在海港中造成的落差和湍流非常危险。如果有足够时间，应在海啸到来前把船开到开阔海面

海港里的船只如果没有时间开出海港，所有人都要从船只撤离

海啸登陆时海水往往明显升高或降低，如果看到海面后退速度异常快，应立刻撤离到内陆地势较高的地方。如果来不及，也可暂时到海岸线附近坚固的高层饭店躲避

每个人都应该有一个急救包，里面应放有足够 72 小时用的药物、饮用水和其他必需品。这一点适用于海啸、地震和一切突发灾害

如果在海啸时不幸落水,要尽量抓住木板等漂浮物,同时注意避免与其他硬物碰撞

在水中不要举手,也不要胡乱挣扎,尽量减少动作,以防体内热量过快散失

能浮在水面随波漂流即可,这样既可以避免下沉,又能够减少体能的无谓消耗

不要喝海水,海水不仅不能解渴,反而会让人出现幻觉,导致精神失常甚至死亡

尽可能向其他落水者靠拢,既便于相互帮助和鼓励,又能因为目标扩大而更容易被救援人员发现

如何判断要发生山体滑坡

怎么井里没水了？

在滑坡前缘坡脚处，有堵塞多年的泉水复活现象，或者出现泉水（水井）突然干枯、井（钻孔）水位突变等类似的异常现象

在滑坡体中、前部出现横向及纵向放射状裂缝，说明滑坡体向前推挤并受到阻碍，已进入临滑状态

在滑坡体前缘坡脚处，土体出现上隆（凸起）现象，这是滑坡向前推挤的明显迹象

山体滑坡之前，会有岩石开裂或被剪切挤压的声响，这种迹象反映了深部变形与破裂。动物对此十分敏感，往往有异常反应

25

山体滑坡来临之前，滑坡体四周岩体（上体）会出现小型坍塌和松弛现象
如果在滑坡体上有长期位移观测点，山体滑坡之前，无论是水平位移量还是垂直位移量，均会出现加速变化的趋势。这是明显的临滑迹象
滑坡后缘的裂缝急剧扩展，并从裂缝中冒出热气或冷风
滑坡来临之前，动物惊恐异常，如猪、狗、牛惊恐不宁，不入睡；老鼠乱窜不进洞；树木枯萎或歪斜等

野外遇到森林草原火灾如何逃生自救

如果火势较小，可以用水浇、土埋、树枝扑打等方法及时扑灭

如果火势已起，一定要马上转移避险，并拨打森林火警电话12119报警

快速转移至农田、河流、湖泊、耕地、植被稀疏地带等安全区域避险。转移避险时，一定要先判断风向，逆风逃生。附近若有水源，可用水浸湿衣物蒙住头部、捂住口鼻

如果情况紧急无法逃离火场，可以设法进入火烧迹地（森林中经火烧毁后的土地）避险，并迅速清理火烧迹地内的剩余可燃物，进一步扩大安全范围

或者就近选择没有可燃物的平地，挖一个凹形坑（不可选择低洼地或坑洞，因其容易沉积灰尘），脱去衣物，在衣服上铺上泥土再盖到身上，卧倒避险，同时双手曲成环状放在口鼻帮助呼吸

彻底被大火困住，可鼓起勇气选择火苗厚度较薄、火势相对较弱的地带，用衣物护住头部以最快速度穿越火线，再沿逆风方向逃生

第二章 公共场所突发事件应急方法

第二章 公共场所突发事件应急方法

☆ 公共场所拥挤踩踏事件应急方法
☆ 食物中毒的预防与应急处置
☆ 乘坐公交车时着火如何应对
☆ 乘坐火车时遇到火灾如何应对
☆ 什么情况下不可乘电梯及被困电梯里如何应对

公共场所拥挤踩踏事件应急方法

不在楼梯或狭窄通道嬉戏打闹；人多的时候不拥挤、不起哄、不制造紧张或恐慌气氛

尽量避免到拥挤的人群中，不得已时，尽量走在人流的边缘

在行进中，发现慌乱人群向自己方向涌来，应快速躲到一旁，或蹲在附近的墙角下

或者躲到附近的商店、咖啡馆等一些可以暂避的地方，等待人流通过。不要慌乱，不要奔跑，避免摔倒

若不慎陷入人群中，一定要先稳住双脚。千万不要采用体位前倾或者低重心的姿势。顺着人流走，切不可逆着人流前进，否则很容易被人流推倒

在人群拥挤中前进时，要用一只手紧握另一手腕，手肘撑开，平放于胸前，微微向前弯腰，形成一定空间，以保持呼吸通畅

假如陷入拥挤的人流，一定要先站稳，身体不要倾斜失去重心，即使鞋子被踩掉、贵重物品被人群挤掉时，也不要系鞋带或弯腰捡东西，这些动作都会使自己非常容易被推倒，以致被踩踏

尽快抓住坚固可靠的东西慢慢走动或停住，待人群过去后再迅速离开现场

若不幸被人群挤到，要设法靠近墙角，身体蜷成球状，双手在颈后紧扣以保护身体最脆弱的部位

在人群中走动，遇到台阶或楼梯时，尽量抓住扶手，防止摔倒

要时刻保持警惕，当发现有人情绪不对，或人群开始骚动时，要做好准备保护自己和他人

人群骚动时，注意脚下，千万不能被绊倒，避免自己成为拥挤踩踏事件的诱发因素

当发现自己前面有人突然摔倒了，要马上停下脚步，同时大声呼救，告知后面的人不要向前靠近；及时分流拥挤人流，组织有序疏散

食物中毒的预防与应急处置

如果吃下去的中毒食物时间较长（超过两小时），怀疑食物中毒，应及时就医

若出现不明原因的呕吐，应回忆进食了哪些食物，是否有食物中毒的可能。若同食者也有相同症状，则可以确定是食物中毒

发生食物中毒后，可先用手指、筷子等刺激舌根部的方法进行催吐

没有医生的指导不要自行服用止吐药和泻药。如果患者恶心、呕吐比较严重，可多补充钾钠，维持体内电解质平衡

提倡"现买、现做、现吃"。不食用变质食物，如变质的肉类、蛋类、奶制品，霉变粮食、长时间发酵的米面制品（河粉、吊浆粑、酸汤子等），久发变质的木耳和银耳，发芽的马铃薯等

变质、过期食物　**新鲜、安全食物**

选择新鲜和安全的食品，不要购买过期和没有质量保障的食品

使用正确的方法烹调加工，不食用未煮熟的豆角、未处理干净的河豚等。做好餐具、炊具的清洗消毒工作，生熟食炊具要分开使用

煮熟　**生**　**熟**

正确烹饪

乘坐公交车时着火如何应对

当发动机着火后，驾驶员应开启车门，让乘客从车门下车

发动机起火了，还好司机及时停靠并打开车门呼喊乘客下车

如着火部位在汽车中间，驾驶员应打开车门，让乘客从两头车门有秩序地下车

小火可组织乘客用灭火器扑救，在扑救火灾时，要重点保护驾驶室和油箱部位

火势较大时应选择直接逃生

如火焰小，但封住了车门，乘客们可用衣物蒙住头部，从车门冲下

如车门线路被火烧坏，开启不了，乘客应用安全锤敲击车窗四角逃生。根据火势情况，车外路人也可协助打开车门

在车辆侧翻或紧急情况下，可旋转车厢顶部逃生窗上的红色开关，打开天窗逃生

公交车的车门上方配有一个车门开启安全阀，此安全阀即使在车辆断电、断气的情况下也可以打开车门。离门近的乘客只要将此安全阀旋转，然后手动将门打开，即可下车

在火灾中，如果乘车人员衣服被火烧着，不要惊慌，应沉着冷静：来得及脱下衣服，可以迅速脱下，用脚将火踩灭；来不及脱下衣服，可以就地打滚，将火滚灭

乘坐火车时遇到火灾如何应对

列车员或旅客要迅速到车厢两头连接处或车门后侧，顺时针用力旋转那里的紧急制动手柄，达到迅速停车的目的

应及时通知车组人员，如有 灭火器，应使用灭火器来灭火

如果发生火灾时列车尚在高速行驶中，在时间允许的情况下，要立即关闭车窗

因为列车在运行中风量相当大，这样做既减缓了火灾燃烧的速度，也为人们实施逃生留下了更宝贵的时间

人员疏散时，要尽量顺列车行进方向撤离。通常列车在运行中，火是向后部车厢蔓延的，火势越大蔓延越快

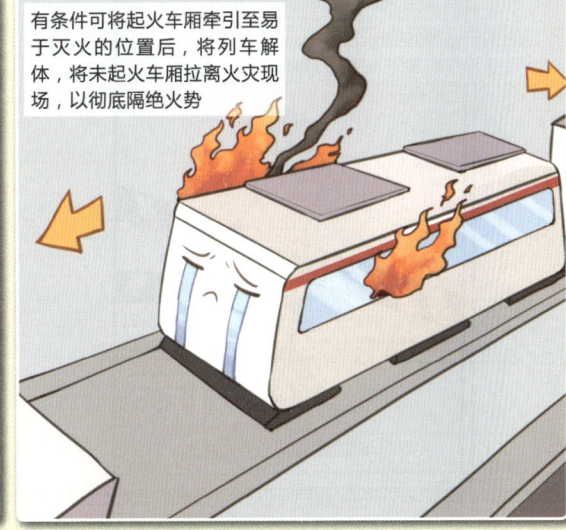

由于车门向内开,所以撤离时要沉着镇定,千万不要猛抢、猛挤,人为堵死车门

当列车停稳后,亦可打开车窗或用硬物击碎车窗玻璃,从车窗逃生

确认起火车厢的旅客撤离完毕时,应迅速关闭该车厢两头的车门,这样可以有效控制火势蔓延

有条件可将起火车厢牵引至易于灭火的位置后,将列车解体,将未起火车厢拉离火灾现场,以彻底隔绝火势

什么情况下不可乘电梯及被困电梯里如何应对

大楼发生火灾时，大楼的电气线路易发生短路，造成意外停梯

同时，因着火而产生的浓烟会进入电梯井道，造成被困于电梯轿厢的乘客窒息

发生地震时会造成电梯损坏，影响电梯的安全使用，因此禁止搭乘电梯逃生。电梯内乘客应设法尽快地在最近的安全楼层撤离

正在进行维修的电梯正处于非正常工作状态，一旦使用容易发生人员伤亡事故

电梯发生水淹（例如因大楼水管破裂）时，禁止搭乘。电梯内乘客应设法尽快地在最近的安全楼层撤离

38

通过报警按钮、对讲系统或电梯轿厢内的提示方式与监控中心人员取得联系进行求援，也可拨打119。如电梯轿厢内有病人或其他危急情况，应当告知救援人员
119
可大声呼叫，或将鞋子脱掉，用鞋子间歇性敲打轿厢壁，吸引电梯附近人员的注意并报警
保持镇静，可做屈膝动作，以减轻对电梯急停的不适应
在救援人员到达现场前，不得撬砸电梯轿厢门或攀爬安全窗，不得将身体的任何部位探出电梯轿厢外，如此容易产生挤伤，并有发生坠落的危险
救援人员到达后，乘客应与电梯轿厢门或已开启的轿厢门保持一定距离，并听从救援人员指挥
消防

第三章 家庭安全事故应急方法

第三章　家庭安全事故应急方法

⭐ 居家触电应急方法

⭐ 高楼遇到火灾如何应对

⭐ 油锅着火如何应对

⭐ 煤气中毒如何应对

⭐ 电器着火如何应对

⭐ 如何预防家庭火灾

⭐ 如何确保居家安全

居家触电应急方法

迅速切断电源，使触电者脱离电源

无法切断电源时，要弄清电源是否为高压电。如是普通电源（220伏及以下）触电，急救者需穿胶鞋或站在绝缘物体上，用绝缘物挑开电线或移除电器，使触电者脱离电源

如电源无法移除，急救者需要站在绝缘体上，用干燥棉被、橡胶制品等绝缘物质裹住触电者，使其脱离电源

120

收到，我们会尽快赶到！

立即拨打120急救电话

迅速检查触电者，并应对无呼吸者立即进行抢救

高楼遇到火灾如何应对

发生火情应立即报警,利用各种通信工具与119、110、120进行沟通。告知准确的火灾地点和火情

我的位置是在11楼3号房的小阳台……

火灾发生后千万不要慌张,在灯光暗淡、人员拥挤的情况下,冷静地判明建筑物内安装的疏散指示标志的指向

与被困的其他人员有序向安全地带撤离,切忌乱跑、乱叫、乱挤,防止挤伤踩伤,造成恶性踩踏事故

大声呼救,如果声音实在不易被人听见,也可用手电筒发光、挥动鲜艳的衣物或向楼下扔东西等方法,引起救援人员的注意

切断电源，以防电线着火助长火势蔓延
千万不要乘坐电梯，尽量从楼梯间撤离
在保障自身安全的条件下，利用附近现有条件灭火，切勿贪恋财物
逃离火灾现场时，可用湿毛巾、湿布将口、鼻捂住，减少毒性气体的吸入，为逃生争取时间
同时，应尽量放低体位（匍匐或弯腰），向着火点相反方向撤到安全地区

在逃生中发现安全出口堵塞、上锁、被火势封死等，若楼层较低，可选择破窗而出

若楼层较低，也可利用下水管道下滑逃生

或利用被子、毯子等下滑到地面

在没有办法逃生的情况下要关上房门，堵严门的缝隙，以防毒性气体入内，并把窗子打开通风

向楼下呼救，楼层较高千万不要盲目跳楼，以免不必要的伤亡

油锅着火如何应对

迅速关掉炉火,并用锅盖或者大块湿布盖锅

迅速关闭油烟机。手边若有切好的蔬菜或其他食物可直接倒入锅中,使锅内油温迅速下降,达到灭火的作用

千万不要往锅里倒水,冷水遇到高温热油会爆炸

不要挪动油锅。移动着火的油锅会烫伤手;同时,掉落的火苗会把厨房的易燃物点燃

煤气中毒如何应对

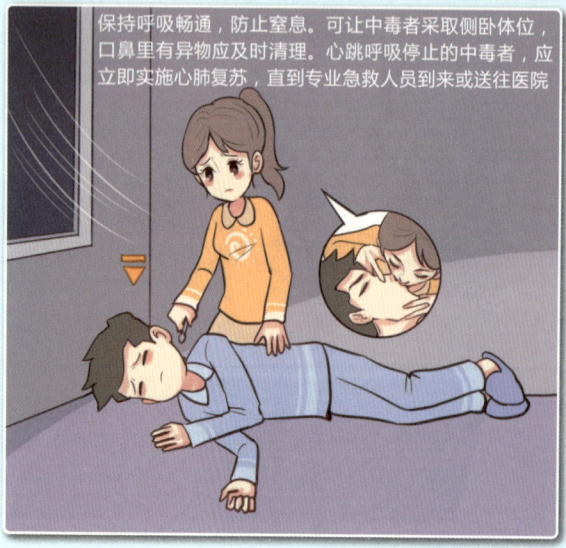

迅速关闭煤气源和电源，打开门窗，降低室内一氧化碳浓度，并立即转移到空气新鲜的地方

千万不能用明火照明，明火遇到一定浓度的煤气会发生爆炸

保持呼吸畅通，防止窒息。可让中毒者采取侧卧体位，口鼻里有异物应及时清理。心跳呼吸停止的中毒者，应立即实施心肺复苏，直到专业急救人员到来或送往医院

一氧化碳中毒应立即前往医院接受高压氧治疗

48

电器着火如何应对

当家用电器或电线出现冒烟、冒火花等异常现象时,以最快的速度切断电源

当电器或电线着火时,切断电源后用干粉灭火器灭火或用湿棉被等捂盖灭火

在没有切断电源的情况下灭火时,不能用水直接浇淋,因为水是导电的

未能控制火势,应迅速离开火灾现场,同时拨打119报警,并向他人呼救

空调、烤箱等大容量用电设备使用专用线路

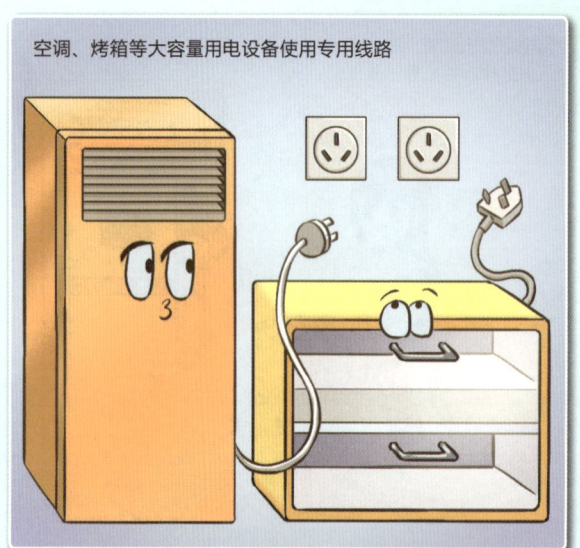

家中不使用假冒伪劣的"三无"电器、电线、线槽（管）、开关、插头、插座等

家用电器出现故障后，应及时维修，不可让电器带"病"工作

电气线路有裸露、老化现象时，应及时更换

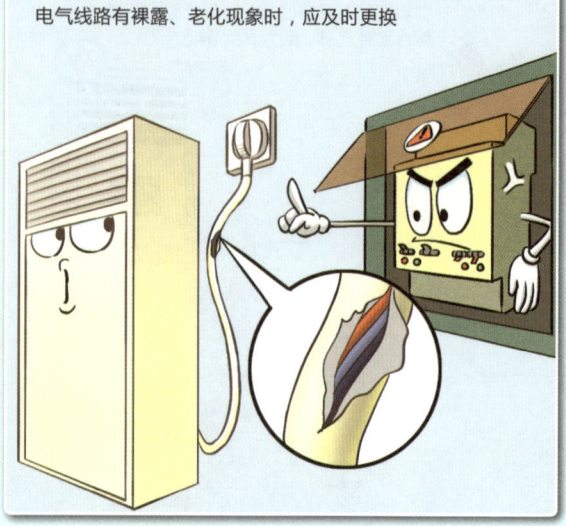

如何预防家庭火灾

火柴、打火机等放在儿童不易拿取的地方

家中不存放易燃、可燃物

电动车不上楼、不入室

不要在床上、沙发上吸烟

如何确保居家安全

出门及入睡前，检查门窗是否锁好

不随意给陌生人开门，尤其是无法确认真假时

不要轻易把房门钥匙、门禁卡交给别人。钥匙丢失时，应及时更换门锁

门禁卡借我几天。

雇佣保姆、护工时，应通过正规机构推荐

第四章 紧急救护常识

第四章　紧急救护常识

⭐ 常用求救信号

⭐ 心肺复苏的正确方法

⭐ AED（自动体外除颤器）的使用方法

⭐ 常见止血方法

⭐ 包扎伤口的方法

⭐ 三角巾包扎法

⭐ 绷带包扎法

⭐ 骨折如何应对

⭐ 猫狗咬伤如何应对

⭐ 吃东西哽住如何应对

⭐ 烧烫伤后如何应对

⭐ 溺水后如何应对

常用求救信号

危难中利用大声呼叫、吹哨子、敲脸盆或其他能发出声音的物品来发出求救信号。险境中可将砖头、书、空瓶等丢出,引起外界注意,暴露自身位置

利用镜子、碎玻璃、眼镜等能反光的物品发出求救信号

在野外遇险时,可选空旷地面,将三堆火接连点燃,火堆间距要差不多。白天也可用新鲜草木燃起浓烟发出求救信号

选开阔地面,如草地、海滩、雪地等,用树枝、石头、衣物等身边有的材料摆出相应标志,如SOS、HELP

心肺复苏的正确方法

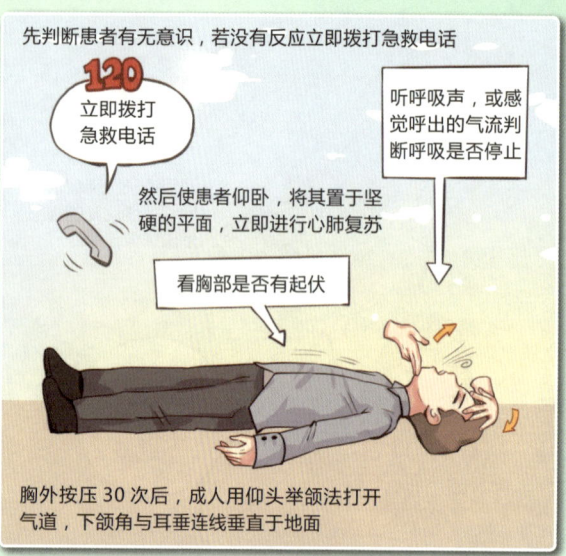

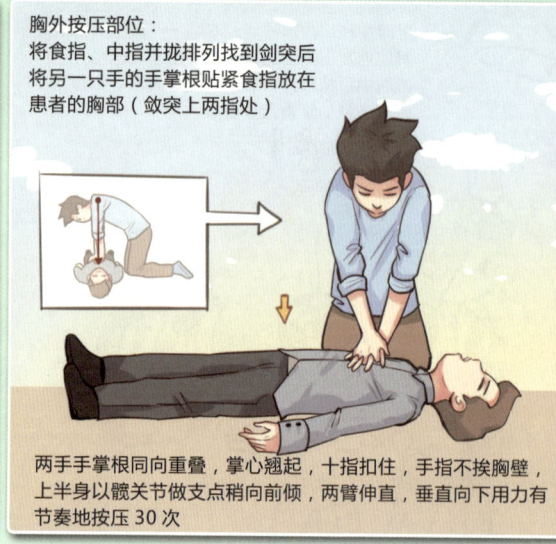

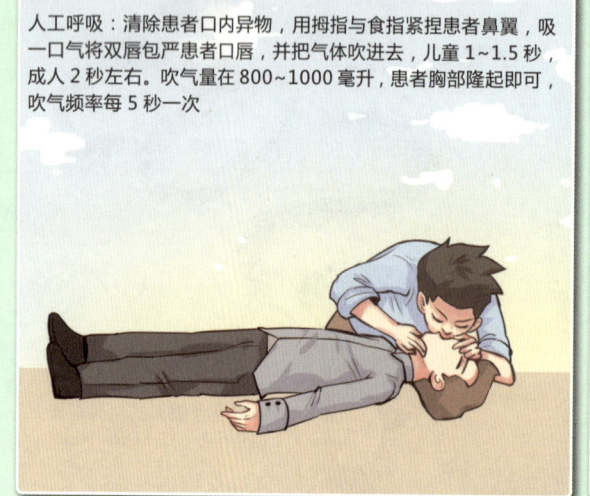

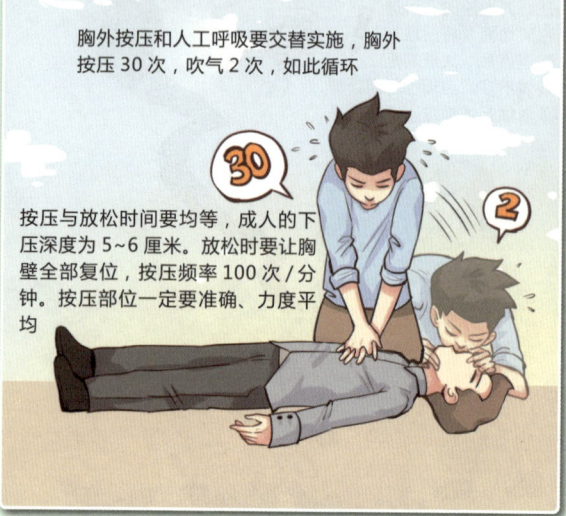

先判断患者有无意识，若没有反应立即拨打急救电话

立即拨打急救电话

听呼吸声，或感觉呼出的气流判断呼吸是否停止

然后使患者仰卧，将其置于坚硬的平面，立即进行心肺复苏

看胸部是否有起伏

胸外按压 30 次后，成人用仰头举颌法打开气道，下颌角与耳垂连线垂直于地面

胸外按压部位：
将食指、中指并拢排列找到剑突后将另一只手的手掌根贴紧食指放在患者的胸部（剑突上两指处）

两手手掌根同向重叠，掌心翘起，十指扣住，手指不挨胸壁，上半身以髋关节做支点稍向前倾，两臂伸直，垂直向下用力有节奏地按压 30 次

人工呼吸：清除患者口内异物，用拇指与食指紧捏患者鼻翼，吸一口气将双唇包严患者口唇，并把气体吹进去，儿童 1~1.5 秒，成人 2 秒左右。吹气量在 800~1000 毫升，患者胸部隆起即可，吹气频率每 5 秒一次

胸外按压和人工呼吸要交替实施，胸外按压 30 次，吹气 2 次，如此循环

按压与放松时间要均等，成人的下压深度为 5~6 厘米。放松时要让胸壁全部复位，按压频率 100 次/分钟。按压部位一定要准确、力度平均

AED（自动体外除颤器）的使用方法

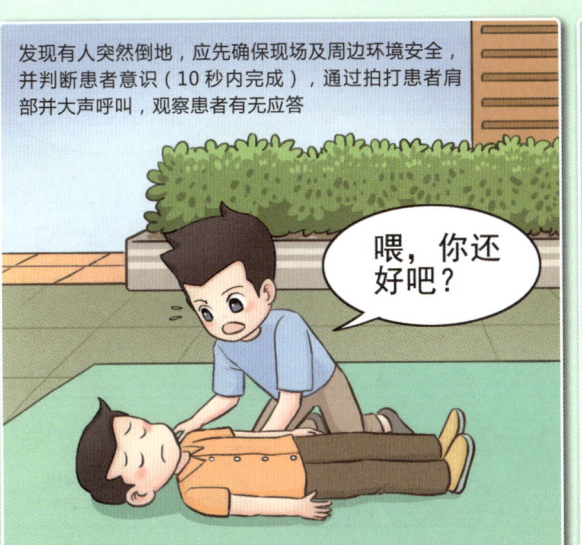

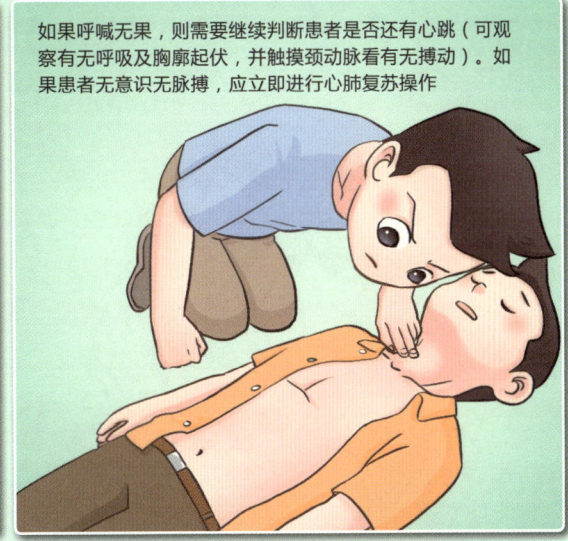

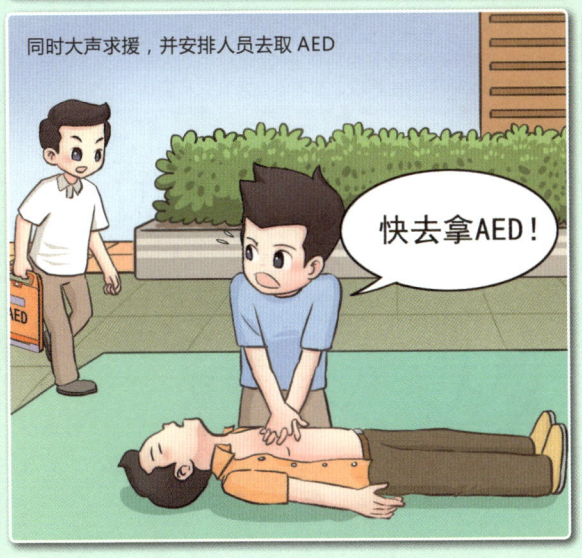

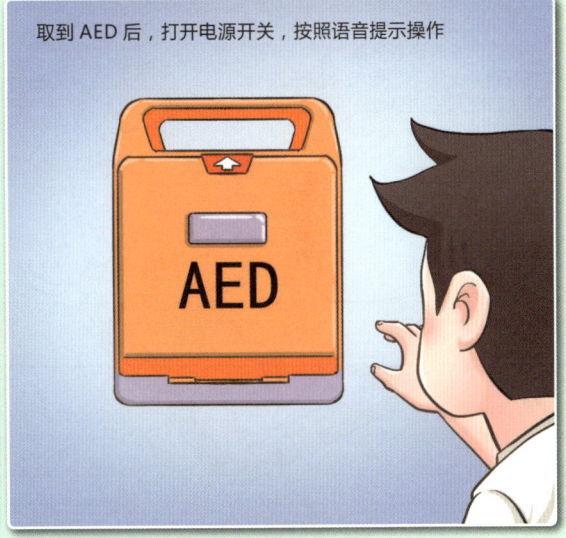

发现有人突然倒地，应先确保现场及周边环境安全，并判断患者意识（10秒内完成），通过拍打患者肩部并大声呼叫，观察患者有无应答

喂，你还好吧？

如果呼喊无果，则需要继续判断患者是否还有心跳（可观察有无呼吸及胸廓起伏，并触摸颈动脉看有无搏动）。如果患者无意识无脉搏，应立即进行心肺复苏操作

同时大声求援，并安排人员去取AED

快去拿AED！

取到AED后，打开电源开关，按照语音提示操作

57

根据 AED 电极片上的图示，将电极片贴到患者胸部的皮肤上。将电极片的插头插入 AED，等待 AED 分析患者心率。注意：如果现场有两名施救者，在一名施救者实施心肺复苏的同时，另一名施救者开始操作 AED，不能因为贴电极片而中断心肺复苏

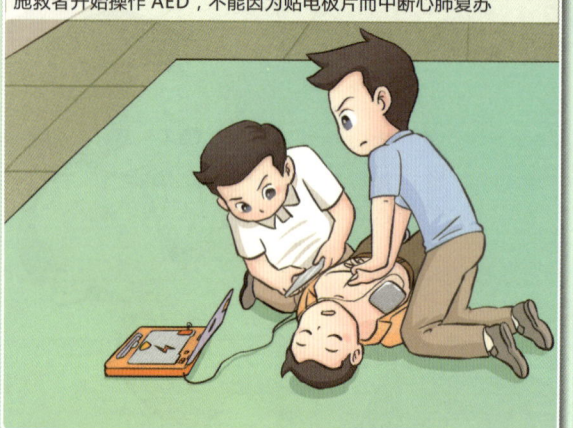

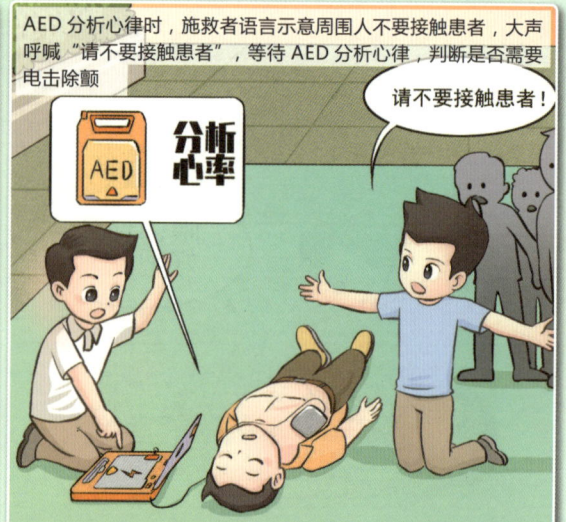

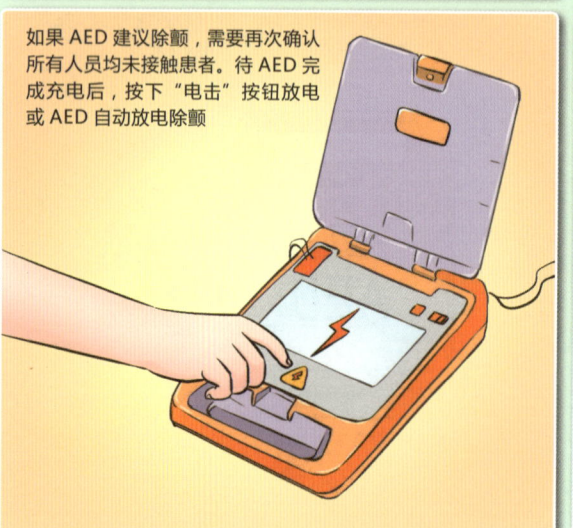

AED 分析心律时，施救者语言示意周围人不要接触患者，大声呼喊"请不要接触患者"，等待 AED 分析心律，判断是否需要电击除颤

分析心率

请不要接触患者！

如果 AED 建议除颤，需要再次确认所有人员均未接触患者。待 AED 完成充电后，按下"电击"按钮放电或 AED 自动放电除颤

电击除颤后，立即继续实施心肺复苏。2 分钟后 AED 会再次自动分析心律，确定是否需要继续除颤。如此反复操作，直至患者恢复心跳和自主呼吸，或者专业急救人员到达

常见止血方法

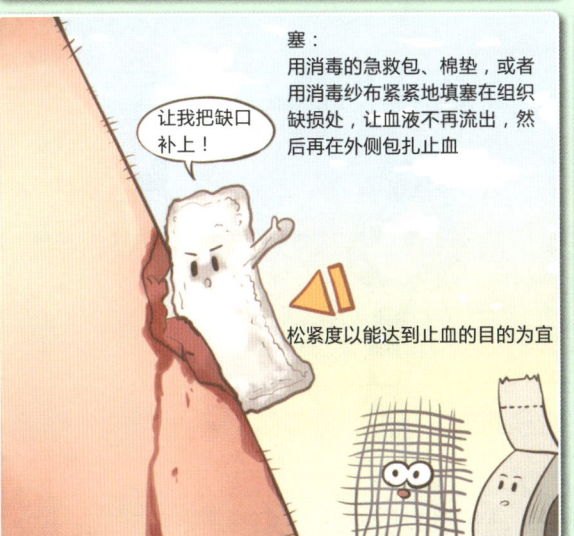

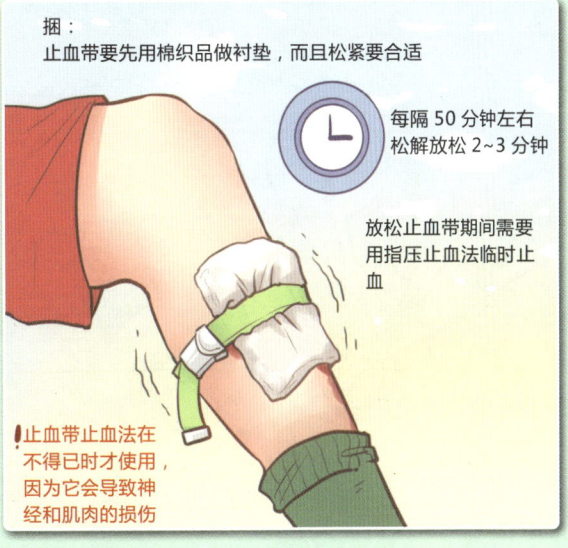

压：
用敷料、清洁的毛巾、纱布、绷带等直接按在出血区达到止血的效果

还可以用指压止血法，将手指压在出血动脉近心端的骨头上，切断源头

包：
用纱布、绷带等，先将棉布盖在伤口上面，然后再用绷带等进行包扎，包扎力度要适中

塞：
用消毒的急救包、棉垫，或者用消毒纱布紧紧地填塞在组织缺损处，让血液不再流出，然后再在外侧包扎止血

让我把缺口补上！

松紧度以能达到止血的目的为宜

捆：
止血带要先用棉织品做衬垫，而且松紧要合适

每隔50分钟左右松解放松2~3分钟

放松止血带期间需要用指压止血法临时止血

止血带止血法在不得已时才使用，因为它会导致神经和肌肉的损伤

59

包扎伤口的方法

查看伤势，先用清水洗净，然后再用75%酒精或常用消毒液消毒创面周围的皮肤。消毒创面周围的皮肤要由内往外，即以伤口为中心，逐渐向周围扩大消毒区，这样越靠近伤口处越清洁

包扎动作要快而准，包扎不能太紧，也不能太松。包扎四肢要将指（趾）露在外面以便观察

在清洁、消毒伤口时，如有大而易取的异物，可酌情取出；深而小又不易取出的异物切勿勉强取出，以免把细菌带入伤口或增加出血

对较大创面、安装固定夹板、手臂悬吊等使用三角巾包扎法。三角巾制作：用一米见方的布，从对角线剪开即成

60

三角巾包扎法

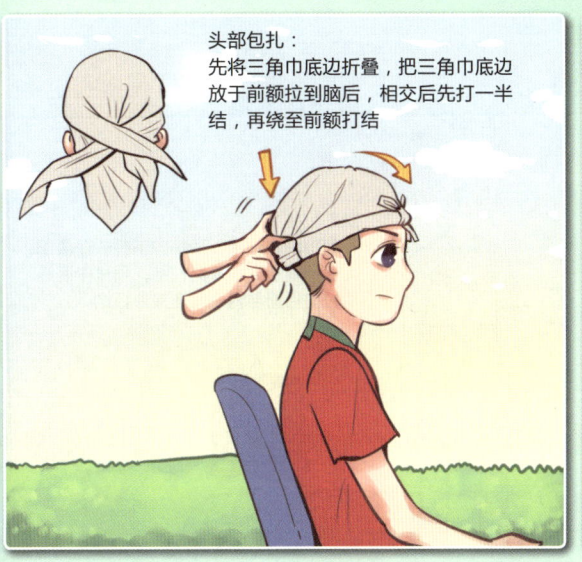

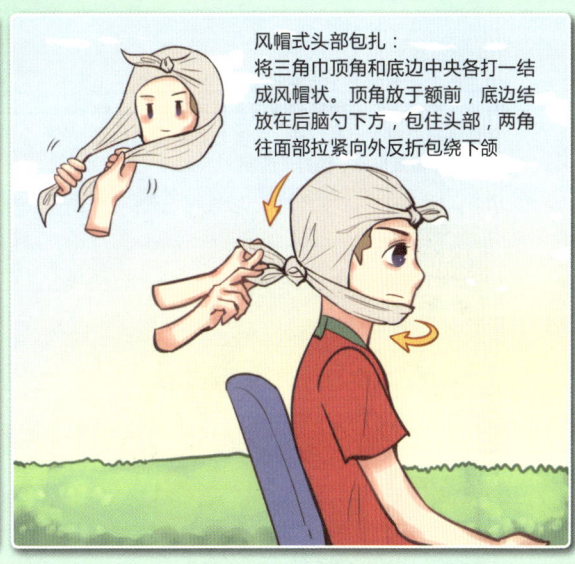

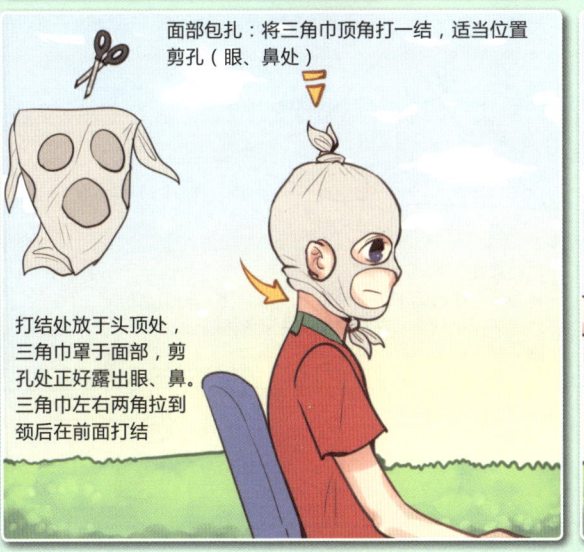

头部包扎： 先将三角巾底边折叠，把三角巾底边放于前额拉到脑后，相交后先打一半结，再绕至前额打结

风帽式头部包扎： 将三角巾顶角和底边中央各打一结成风帽状。顶角放于额前，底边结放在后脑勺下方，包住头部，两角往面部拉紧向外反折包绕下颌

面部包扎： 将三角巾顶角打一结，适当位置剪孔（眼、鼻处）

打结处放于头顶处，三角巾罩于面部，剪孔处正好露出眼、鼻。三角巾左右两角拉到颈后在前面打结

肩部包扎：

1. 三角巾折成燕尾式，燕尾夹角约90°，大片在后压住小片，放于肩上

2. 燕尾夹角对准侧颈部。燕尾底边两角包绕上肩上部并打结

3. 拉紧两燕尾角，分别经胸、背部至对侧腋下打结

胸背部包扎：
将三角巾顶角向上，贴于局部，如左胸受伤，顶角放在右肩上，底边扯到背后在后面打结；再将左角拉到肩部与顶角打结。背部包扎与胸部包扎相同，唯位置相反，结打于胸部

腹部包扎：
三角巾底边向上，顶角向下横放在腹部。两底角围绕到腰部后打结。顶角由两腿间拉向后面与两底角连接处打结

膝关节包扎：
把三角巾顶角朝上盖膝关节，底边反折往后拉，左右交叉后又向前拉至关节上方，压住顶角打结

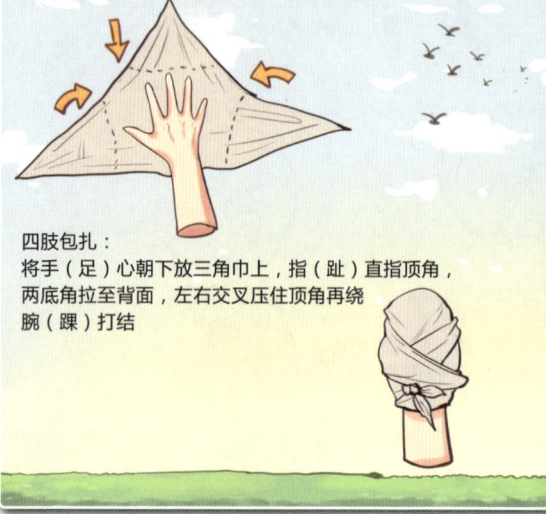

四肢包扎：
将手（足）心朝下放三角巾上，指（趾）直指顶角，两底角拉至背面，左右交叉压住顶角再绕腕（踝）打结

绷带包扎法

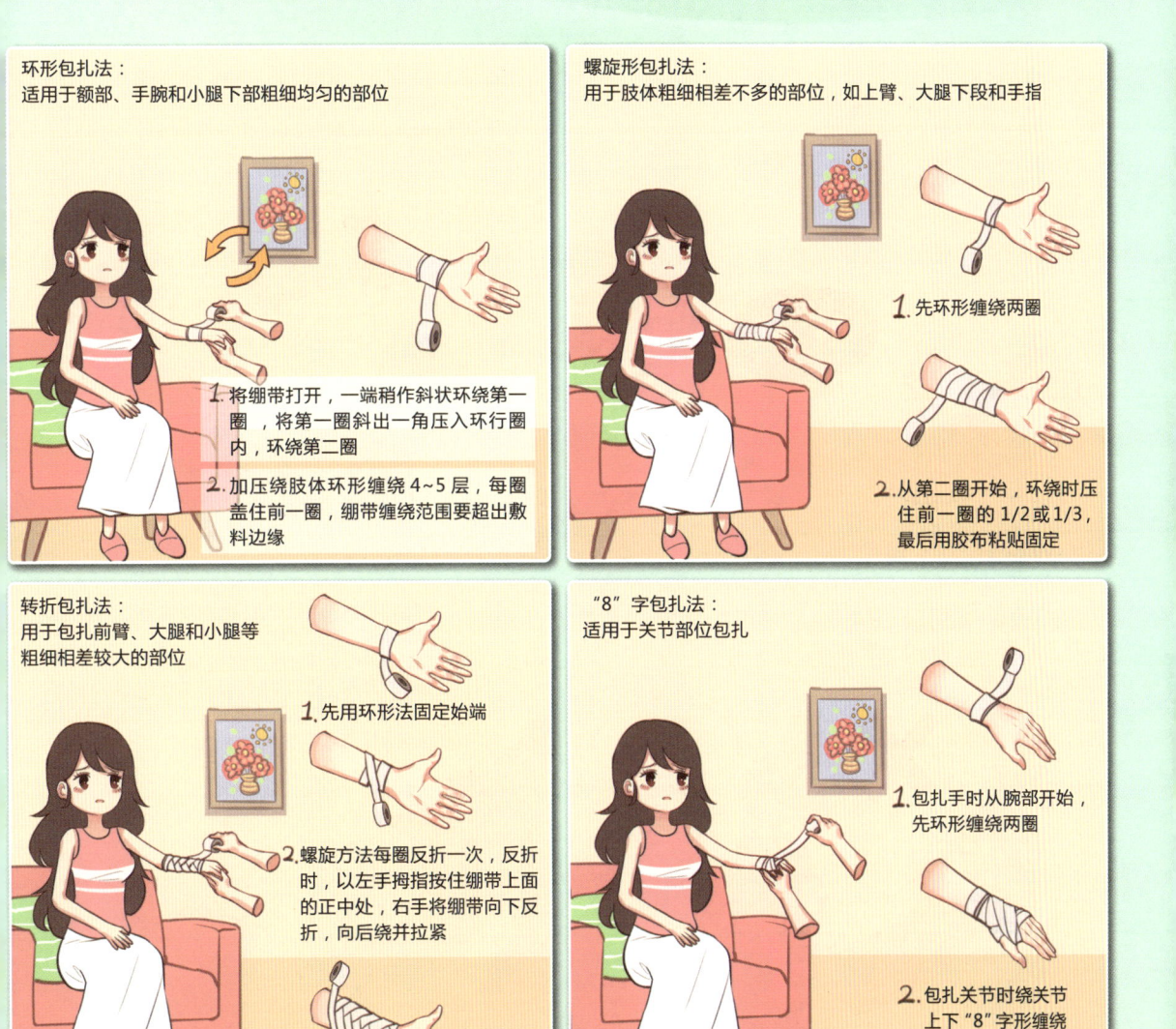

环形包扎法：
适用于额部、手腕和小腿下部粗细均匀的部位

1. 将绷带打开，一端稍作斜状环绕第一圈，将第一圈斜出一角压入环行圈内，环绕第二圈
2. 加压绕肢体环形缠绕4~5层，每圈盖住前一圈，绷带缠绕范围要超出敷料边缘

螺旋形包扎法：
用于肢体粗细相差不多的部位，如上臂、大腿下段和手指

1. 先环形缠绕两圈
2. 从第二圈开始，环绕时压住前一圈的1/2或1/3，最后用胶布粘贴固定

转折包扎法：
用于包扎前臂、大腿和小腿等粗细相差较大的部位

1. 先用环形法固定始端
2. 螺旋方法每圈反折一次，反折时，以左手拇指按住绷带上面的正中处，右手将绷带向下反折，向后绕并拉紧

"8"字包扎法：
适用于关节部位包扎

1. 包扎手时从腕部开始，先环形缠绕两圈
2. 包扎关节时绕关节上下"8"字形缠绕

骨折如何应对

先判断患者是否骨折，如果骨折不可轻易移动，要使患者保持最舒服的姿势

先止血并包扎固定。开放性骨折要清洁消毒局部，用纱布包好伤口，严禁将裸露于伤口外的骨折端弄回伤口内，避免伤口污染并再次伤到血管和神经

大腿、小腿、脊椎骨折不要随便移动，马上固定，不盲目复位，避免加重损伤

我帮你拧回去！

固定骨折用的夹板长度和宽度要与骨折肢体相称，其长度最好超过骨折上下两个关节。夹板不能直接贴近皮肤，可用纱布、毛巾、衣物等软材料垫于夹板和肢体间，尤其夹板两端、关节骨头突起的地方和间隙部位可以稍微垫厚些，避免皮肤磨损和局部组织因压迫坏死

64

猫狗咬伤如何应对

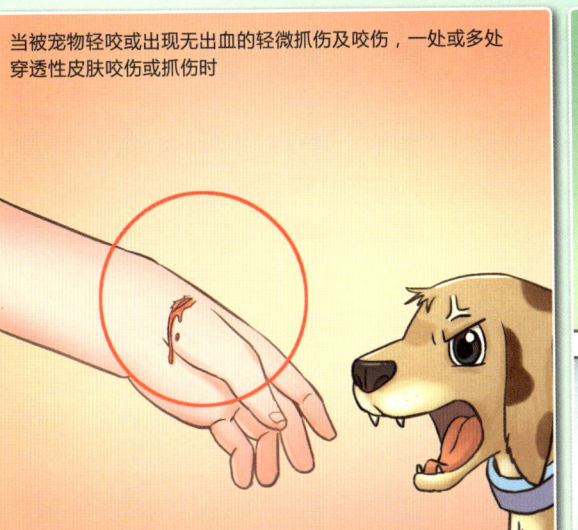

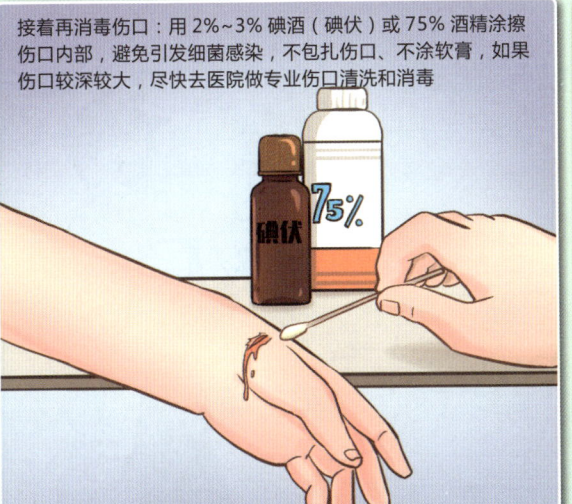

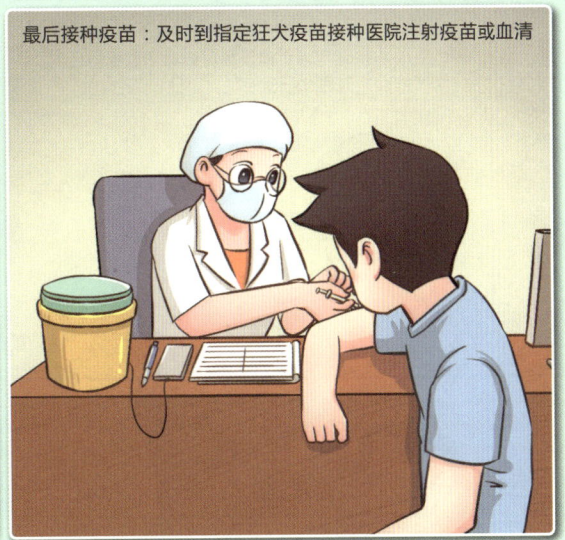

当被宠物轻咬或出现无出血的轻微抓伤及咬伤，一处或多处穿透性皮肤咬伤或抓伤时

首先应清洗伤口：被咬伤后，用肥皂水和有一定压力流动（比如在水龙头下）的清水反复冲洗15~20分钟

15~20分钟

接着再消毒伤口：用2%~3%碘酒（碘伏）或75%酒精涂擦伤口内部，避免引发细菌感染，不包扎伤口、不涂软膏，如果伤口较深较大，尽快去医院做专业伤口清洗和消毒

最后接种疫苗：及时到指定狂犬疫苗接种医院注射疫苗或血清

吃东西哽住如何应对

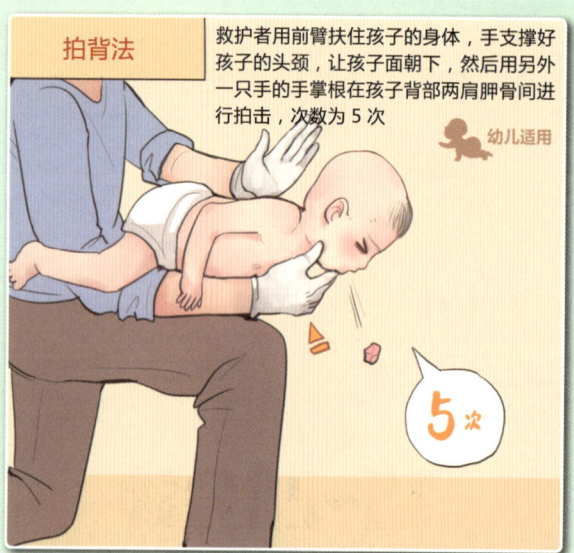

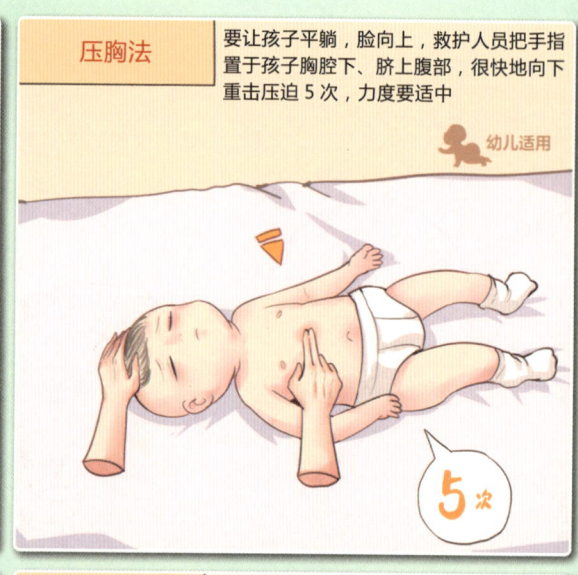

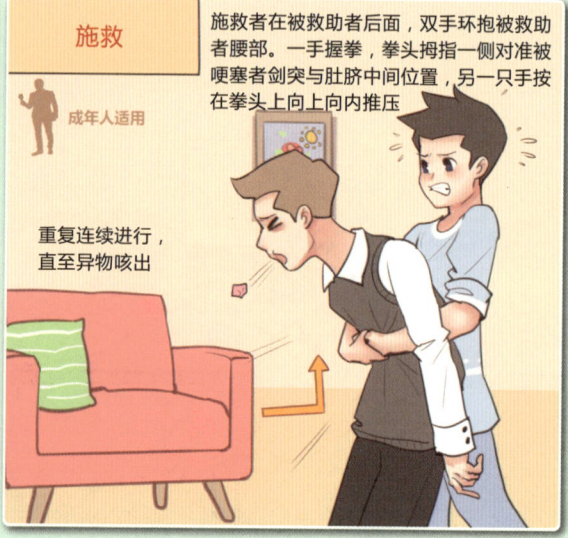

拍背法
救护者用前臂扶住孩子的身体，手支撑好孩子的头颈，让孩子面朝下，然后用另外一只手的手掌根在孩子背部两肩胛骨间进行拍击，次数为5次

幼儿适用

5次

压胸法
要让孩子平躺，脸向上，救护人员把手指置于孩子胸腔下、脐上腹部，很快地向下重击压迫5次，力度要适中

幼儿适用

5次

自救
可以用拳头紧抵肚脐与胸骨剑突之间，还可以用椅子靠背或桌子边缘等硬的东西快压腹部

成年人适用

施救
施救者在被救助者后面，双手环抱被救助者腰部。一手握拳，拳头拇指一侧对准被哽塞者剑突与肚脐中间位置，另一只手按在拳头上向上向内推压

成年人适用

重复连续进行，直至异物咳出

烧烫伤后如何应对

冲： 将烧烫伤部位用清洁的流动冷水轻轻冲洗或浸泡，冷水可让热迅速散去，以降低对深部组织的伤害

脱： 在充分冲洗和浸泡后，在冷水中小心除去衣物。可以用剪刀剪开衣服，千万不要强行剥去衣物，以免弄破水泡

泡： 对于疼痛明显者，为了缓解疼痛可将伤处持续浸泡在冷水中10~30分钟

疼死我了，不过放水里泡一下的确舒服多了……

盖： 为了减少外界的污染和刺激，保持创口的清洁和减轻疼痛，使用干净或无菌的纱布或棉质的布类覆盖于伤口，并加固

送： 如果烧烫伤部位处于头面部、胸口、生殖器等身体脆弱或重要的部位时，以及烫伤部位皮肤出现破溃、面积较大的情况时，一定要即刻送医，以免留下永久伤害

溺水后如何应对

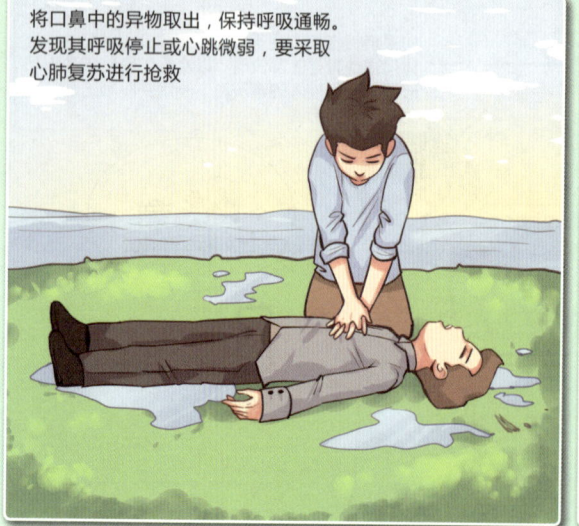

立即向岸上呼救，保持镇定，采取后仰姿势，让口和鼻露在水面上，深吸气，浅呼气

对溺水者施救时，到其附近观察好位置从背后（防止被救者慌乱中将施救者拖入水中）救助，可以托住溺水者头部游到岸边

快抓住木板子！

在岸边可以向溺水者抛木板、长竿等

将口鼻中的异物取出，保持呼吸通畅。发现其呼吸停止或心跳微弱，要采取心肺复苏进行抢救

施救者一条腿跪在地上，另一条腿屈膝，将溺水者的腹部置于屈膝的腿的膝部，一只手扶住溺水者的头部让他的嘴巴朝下，然后另一只手压溺水者的背部，这样便能将吸入的水排出

第五章 反恐防暴应急常识

第五章 反恐防暴应急常识

☆ 恐怖袭击如何应对

☆ 爆炸袭击如何应对

☆ 驾车撞击袭击如何应对

☆ 被劫持如何应对

☆ 枪击袭击和砍杀袭击如何应对

☆ 网络袭击如何应对

恐怖袭击如何应对

遇到暴力恐怖活动时，应快速辨明现场情况，迅速选择保障自身安全的方式。如有现场指挥者，听从指挥，避免踩踏、误伤

根据现场情况，快速逃离危险区，尽量不跑向死胡同，最好选择跑向警务站或公安局

如果可能，尽量帮助他人逃离现场，或力所能及救助他人

如果实在无法躲避，且无力反击，在适当的情况下可以选择装死，来避免歹徒致命的袭击

逃离袭击者视线后，迅速寻找合适掩体躲避，脱离袭击者视线

找好掩体躲避后，将手机调为静音，隐藏自己、保持安静，避免被歹徒发现

歹徒已经被我们控制住了……
确保自身安全的情况下，迅速拨打报警和求助电话，确认警察到达现场并处置完毕后再出来，不要听到警笛响就出来

在无法跑开或躲避时，应联合他人利用随身携带物品（手提包、衣服、雨伞等）和随手能够拿到的物品（木棍、拖把、椅子、砖块、灭火器等）进行奋力反抗

爆炸袭击如何应对

发现可疑爆炸物时,应迅速远离爆炸物,并且呼喊周边人群撤离,并在撤离出一定安全距离后及时报警

当爆炸发生时或即将发生时,应立即卧倒并用双手捂住耳朵,防止爆炸引起的声波伤害耳膜

第一时间找到安全通道逃生,不要因顾及财物浪费逃生时间

情况不明时,不要扎堆、不要围观,要顺着人流方向跑,先到空旷地带,再寻找同伴

前面发生什么事情了,看一看……

还是不围观了……

驾车撞击袭击如何应对

当看到有车辆冲撞碾轧过来时，要迅速向两侧跑开，躲避车辆的冲撞碾轧

及时拨打报警电话，向警方报告事发时间、地点以及车辆特征

当躲避到安全区域后，及时检查有无受伤状况，积极进行自救互救

积极向警方提供现场情况，协助警方调查

被劫持如何应对

保持冷静，尽量不与劫持者对视或对话，动作要缓慢

机智应对，尽量不刺激、惹怒劫持者

牢记现场情况，注意劫持者人数、人质人数、头领特征等，便于事后提供证言

情况允许时适当隐藏通信工具，以便适时报警

枪击袭击和砍杀袭击如何应对

遭遇枪击袭击后，应快速逃离枪击现场，到达安全区域后，在保证自身安全的情况下，及时报警，描述清楚所处位置、歹徒人数、伤亡情况等

> 我这里发生了恐怖袭击事件，位置是……
> 3名恐怖分子持枪伤人
> ……

当发生枪击袭击时，应以曲线（"S"形）路线向袭击的反方向逃跑

遭遇有砍杀袭击的直线跑

快速躲避。当发生砍杀袭击时，应利用身边的建筑物、树木、车体、围栏、柜台等物体进行阻挡以躲避砍杀，并与袭击者拉开距离，尽快逃离

到达安全区域后，应及时检查自己是否受伤，如有伤势，应及时进行自救互救

网络袭击如何应对

提高网络安全意识，防范网络犯罪和网络恐怖袭击，不随意打开来历不明的邮件

不随意打开信息中的链接，不随意扫描二维码

警惕网络恐怖信息，明辨是非。对于网络恐怖信息，要有自己的看法，不盲目散布，造成恐慌

你听说了吗？昨天我们市区有人宣称要……

这……

要善意提醒身边人注意防范，但不要盲目散布恐怖信息，不要夸大恐怖信息

发现网络恐怖袭击，要及时判明袭击方式和可能造成的损失。如果对电脑技术方面不太了解，应立即关闭电脑或移动终端，向有关技术人员寻求帮助，以免遭受损失，同时要向公安机关报警

附件

附 件

⭐ 常用应急物品
⭐ 常用应急电话

常用应急物品

预警类：

- 家庭烟雾报警器
- 煤气泄漏报警器

先期处置类：

- 灭火器
- 防震阻燃帽

报警求生类：

- 逃生绳
- 求生口哨
- 多功能刀具
- 保温雨衣
- 警示服
- 口罩
- 防滑手套
- 应急手电

急救类：

碘伏棉片　　酒精棉片　　各种规格创可贴　　镊子

绷带　　止血带　　瞬冷冰袋

生存类：

应急保温毯　　求生蜡烛　　防风防潮火柴

压缩干粮　　防身器具　　生火工具

常用应急电话

火警电话 ---------- 119

报警电话 ---------- 110

医疗救护 -------- 120

交通事故报警服务电话 ----- 122

公安短信报警号码 --- 12110

森林防火报警电话 -------- 12119

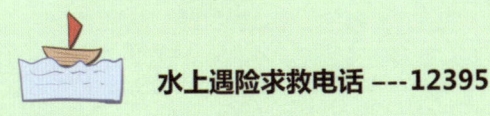

水上遇险求救电话 ---12395

电话号码查询 ------114

妇女维权公益服务热线 ---12338

紧急呼叫中心 ----- 112

天气预报查询 -------- 12121